GUÍA DE LECTURA

Escrita por Maël Tailler

Traducida por Marta Sánchez Hidalgo

Rebelión en la granja

de George Orwell

GEORGE ORWELL

- **Nacido en 1903 en Motihari (Bengala)**
- **Fallecido en 1950 en Londres**
- **Algunas de sus obras:**
  - *Homenaje a Cataluña* (1938), relato
  - *Rebelión en la granja* (1945), novela
  - *1984* (1949), novela

George Orwell (cuyo verdadero nombres es Eric Arthur Blair) es un escritor inglés nacido en 1903 en Motihari (Bengala). Estudia en Inglaterra, después vuelve a la India y entra en la Policía imperial en Birmania. Dimite en 1928 y decide ser escritor. Luego pasa unos años entre París y Londres, donde está en contacto con los más necesitados (*Sin blanca en París y Londres*, 1933). Luego ocupa distintos puestos de trabajo (librero, profesor, cronista) antes de luchar contra los fascistas en la guerra civil española (*Homenaje a Cataluña*, 1938).

Durante la Segunda Guerra Mundial, se dedica al periodismo y a la escritura de sus novelas más conocidas, *Rebelión en la granja* (1945) y *1984* (1949). Orwell muere de tuberculosis en Londres en 1950.

REBELIÓN EN LA GRANJA

UNA CRÍTICA DEL PODER POLÍTICO

- **Género:** novela alegórica
- **Edición de referencia:** Orwell, George. *Rebelión en la granja*. Barcelona: Austral. E-book en epub
- **Primera edición:** 1945
- **Temáticas:** utopía, comunismo, totalitarismo, igualdad, poder

Rebelión en la granja, publicada en 1945, es una novela alegórica que relata la toma de poder de los animales en una granja donde excluyen a los hombres. Este texto es en realidad una crítica del estalinismo y, de forma más amplia, del totalitarismo, a través de la figura de los cerdos, que pisotean los principios de igualdad establecidos durante la revuelta contra los hombres e instauran poco a poco un sistema de opresión y de explotación cuyas víctimas son los otros animales. Esta célebre novela forma parte de los clásicos de la literatura inglesa.

RESUMEN

LA REVOLUCIÓN

Mientras el señor Jones, el propietario de la Granja Manor, duerme, los animales de la granja se reúnen en el garaje para escuchar al Viejo Mayor, el verraco: de hecho, se considera que los cerdos son los más inteligentes. El Viejo Mayor incita a sus congéneres a rebelarse contra el único animal que consume sin producir nada y que explota al resto: el hombre. Es un verdadero profeta que ha extraído de estos principios una doctrina: el animalismo. El verraco se acuerda en sueños de una antigua canción que anuncia la edad de oro de los animales, *Bestias de Inglaterra*, la entona y todos la cantan en coro con entusiasmo hasta que el señor Jones, que se despierta por el alboroto, dispara porque cree que hay un zorro. Cuando muere el Viejo Mayor, Napoleón, Snowball y Squealer, tres cerdos que han aprendido a leer, se esfuerzan en instruir a los otros animales: les enseñan el alfabeto y el animalismo para establecer las bases de la revolución.

Esto no tardará en dar frutos: cuando el señor Jones olvida alimentar a los animales, estos lo expulsan de la granja con su mujer y sus trabajadores. Se convierten en los jefes de la misma, se apresuran a hacer desaparecer todos los instrumentos de la opresión de la que han sido víctimas y deciden dirigir ellos mismos la explotación, ahora rebautizada como «Granja Animal». A la mañana siguiente, antes de recoger el heno del campo, los cerdos escriben en uno de los muros de la granja los siete mandamientos del animalismo:

- Todo lo que camina sobre dos pies es un enemigo.
- Todo lo que camina sobre cuatro patas, o tenga alas, es un amigo.
- Ningún animal usará ropa.
- Ningún animal dormirá en una cama.
- Ningún animal beberá alcohol.
- Ningún animal matará a otro animal.
- Todos los animales son iguales.

El domingo, los cerdos dirigen la asamblea y organizan la vida de los otros. Ante la incapacidad de la mayoría para aprender a leer, Snowball reduce los siete mandamientos a una única máxima: «¡Cuatro patas sí, dos pies no!», que los corderos entonan una y otra vez. Napoleón se mantiene al margen, pero roba y secuestra discretamente a nueve cachorros que le serán de gran ayuda para el asalto al poder que planea en secreto. El tiempo pasa y los cerdos se conceden cada vez más derechos con el pretexto de que, sin ellos, sería imposible dirigir la granja.

Rápidamente, los granjeros de los alrededores se enteran por el señor Jones de la sublevación y difunden calumnias en contra de los animales ya que el himno revolucionario, *Bestias de Inglaterra*, se divulga por el campo. El 12 de octubre, este último intenta recuperar su granja con ayuda de algunos hombres armados. Pero los animales, con Snowball en cabeza, consiguen que huyan y, desde ese momento, el 12 de octubre se convierte en un día conmemorativo: el de la batalla del Establo. Por otro lado, Mollie, una yegua coqueta y perezosa, abandona definitivamente la granja porque la acusan de haberse dejado acariciar por un humano.

LA TOMA DE PODER

El mes de enero llega y, en esta estación difícil para todos, la rivalidad entre Snowball y Napoleón aumenta cada vez más. El primero quiere construir un molino y poner énfasis en la propaganda, mientras que el segundo lo ve como una pérdida de tiempo e insiste en la importancia de organizar la defensa de la granja. Durante un asamblea, Napoleón da un golpe de Estado gracias a los nueve perros guardianes que ha formado en secreto, lo que obliga a Snowball a exiliarse y provoca la disolución de la asamblea. A partir de ahora, la granja la dirigirá un único comité de cerdos liderado por Napoleón. Squealer es su portavoz y revisa la Historia: según dice él mismo, Napoleón siempre quiso construir un molino. Los cerdos toman la casa que había pertenecido al señor Jones, revisan y pisotean los siete mandamientos y se atribuyen todavía más derechos, mientras que Squealer continúa manipulando a los animales.

Un año más tarde, los animales siguen trabajando duro en el campo y en la construcción del molino. Cuando empiezan a escasear productos procedentes del exterior, Napoléon expresa su deseo de negociar con las granjas vecinas. Fuera, los hombres se sorprenden de la estabilidad de la Granja Animal, de la que se burlaban al principio.

Una noche de noviembre, un vendaval destruye el molino. Napoleón, que asegura que es obra de Snowball, lo condena a muerte. Por otro lado, corre el rumor de que Snowball ha vuelto. Cuando Napoleón se entera, le achaca todos los males de la granja y Squealer lo convierte en el enemigo número uno. Enseguida, los animales se esfuerzan por reconstruir un molino más sólido, pero a medida que va faltando la comida, hay menos entusiasmo. Para acabar con las revueltas, Napoleón se apoya en sus perros guardianes y hace que ejecuten públicamente a varios animales considerados traidores. Por otro lado, a partir de ahora se prohíbe *Bestias de Inglaterra* porque, según Squealer, la revolución ha ganado. Clover la yegua, Benjamín el burro escéptico y otros renuncian a rebelarse porque se dan cuenta de que se han alejado de su proyecto inicial.

El trabajo duro sigue, pero solo se benefician Napoleón, los cerdos y los perros. En otoño terminan el molino. Pero, en contra de lo que todos pensaban, no servirá para mejorar la vida de la granja. Napoleón llega a un acuerdo sobre una venta de leña con Frederick, un granjero vecino. Pero éste le traiciona y, a la mañana siguiente, ataca la granja con más hombres y fusiles que cuando lo hizo el señor Jones: es la batalla del Molino. Los animales consiguen la victoria a costa de grandes pérdidas: además de los muertos y heridos, el molino se vuelve a destruir. Los días siguientes, los cerdos festejan la victoria organizando celebraciones y emborrachándose con whisky. Squealer, por su parte, sigue deformando los siete mandamientos: «ningún animal beberá alcohol» está ahora acompañado de la expresión «en exceso».

IGUAL QUE EL HOMBRE

El invierno es más duro que el anterior y las raciones de comida son más pequeñas. Napoleón, por su lado, desarrolla el culto a su personalidad y organiza ceremonias. Proclama la República y ocupa la presidencia. En el mismo momento, algunos animales empiezan a preguntarse por su jubilación. Al valiente Boxer, un caballo que cayó herido en la batalla, tienen que conducirlo a un veterinario, pero va a buscarlo un materife. Benjamín intenta parar el furgón, en vano. Para tranquilizarlos, Squealer maquilla de nuevo la Historia y Napoleón organiza un banquete en honor del difunto.

Han transcurrido algunos años y pocos se acuerdan aún de la vida antes de la sublevación. Muchos han muerto, pero nadie ha disfrutado de la jubilación. El molino se termina por fin y la granja es más próspera. Pero los beneficios son solo para los perros y los cerdos. Un día, cuando los corderos repiten un nuevo eslogan: «¡Cuatro patas sí, dos patas mejor!», Napoleón y los otros cerdos empiezan a andar sobre dos patas. Benjamín lee entonces a Clover el único mandamiento que queda en muro del establo: «Todos los animales son iguales, pero algunos animales son más iguales que otros». Los cerdos comienzan a utilizar en público la ropa y los utensilios de los hombres, látigos incluidos. Una noche, durante un banquete al que han invitado a los granjeros vecinos, Napoleón declara que ha modificado los emblemas y el nombre de la granja, que vuelve a ser la Granja Manor. Clover y otros animales que contemplan la escena a través de una ventana, ya no son capaces de distinguir a los cerdos de los hombres.

ESTUDIO DE LOS PERSONAJES

Rebelión en la granja puede leerse como una novela en clave: representa alegóricamente la historia de la Unión Soviética en la primera mitad del siglo XX. A continuación, vamos a destacar algunos paralelismos entre los personajes ficticios y las figuras históricas (sin ser exhaustivos).

¿Sabía que...?: La Unión Soviética

En 1917, el pueblo ruso, exasperado por la miseria en la que está sumido por la política del zar Nicolás II (Primera Guerra Mundial, retraso del desarrollo, pobreza, hambruna), se subleva e instaura el primer régimen comunista del mundo.

El comunismo es una doctrina política creada a partir del pensamiento del teórico Karl Marx (1818-1883). Es un modelo de sociedad basado en la supresión de las clases sociales y de la propiedad privada, donde las riquezas son comunes y los individuos tienen igualdad de condiciones. Económicamente, en lugar de responder a la ley de la oferta y la demanda, la producción (agricultura, industria, etc.) la planifica y controla el Estado, que controla prácticamente todas las actividades del país.

El comunismo ruso, apoyado en ideales generosos, se transformará rápidamente en un régimen totalitario. Después de una decena de años de reformas más o menos acertadas (en la agricultura y la industria, principalmente), Stalin toma el poder y gobernará solo.

Elimina a todos los oponentes (reales o supuestos) mediante juicios amañados, instaura la propaganda revolucionaria, la manipulación de la información y de la Historia, el culto a su personalidad, los gulags (campos de trabajo), etc.

Después de la Segunda Guerra Mundial, la URSS aprovecha la derrota alemana para instaurar regímenes comunistas (y dictatoriales) en toda Europa del Este. A pesar de la muerte de Stalin en 1953, estos regímenes se mantendrán hasta 1989, año de la caída del muro de Berlín. Hoy en día, Cuba, China y Corea del Norte son los últimos países que conservan regímenes comunistas, muy alejados de la doctrina marxista original.

LOS HOMBRES

El señor Jones

Es el propietario y garante de la gestión de la Granja Manor, y explota por costumbre a los animales. Pero poco a poco pierde el gusto por el trabajo, se refugia en el alcohol y se olvida de alimentar a las bestias. Éstas se rebelan y lo obligan a exiliarse.

Puede representar al zar Nicolás II: descuidado con su pueblo e incapaz de reformar el Imperio ruso, tuvo que enfrentarse a la revolución de 1917 y abdicar.

Los granjeros vecinos: Frederick y Pilkington

El primero, propietario de la granja de Pinchfield, tiene un nombre que suena a alemán. Después del tiempo de las calumnias, llega en secreto a un pacto con los cerdos (venta de leña) y luego los traiciona e intenta invadir su granja. Frederick recuerda así a Hitler que, a pesar del pacto germano-soviético (acuerdo de no agresión entre Hitler y Stalin firmado en 1939), empezó a conquistar la Unión Soviética.

Al segundo, propietario de la granja de Foxwood, lo califican de «agricultor señorial» (Orwell, cap. IV). Desconfía de la Granja Animal, pero también busca llegar a un acuerdo con ella discretamente. Pilkington, a la cabeza de «una granja grande, anticuada y descuidada» (Orwell, cap. IV), recuerda al Imperio británico y podría representar a Churchill. Frederick y Pilkington, contrarios al animalismo, son incapaces de colaborar, como sus homólogos históricos.

LOS CERDOS

El Viejo Mayor

Es el más sabio y el más venerado de todos los animales. Al principio del relato, tiene el presentimiento de una sociedad más justa liberada del hombre (el explotador) donde los animales (a los que llama «camaradas»), todos con los mismos derechos, se gobernarían ellos mismos y compartirían las riquezas (Orwell, cap. I). En una lectura alegórica, el Viejo Mayor se corresponde con Marx, cuya filosofía ha influido mucho en el comunismo moderno (sobre todo la idea de que el proletariado, los animales, acaben con las clases dirigentes, los hombres).

Napoleón

Napoleón es un «un verraco grande de aspecto feroz, el único cerdo de raza Berkshire» (Orwell, cap. II) poco hablador y decidido. Este cerdo autoritario derroca rápidamente el régimen igualitario establecido tras la sublevación gracias a su ejército de perros e impone una dictadura. Por muchas razones (culto a su personalidad, reinado del terror, purgas políticas, revisión de la Historia, etc.), este «Padre de todos los animales» (Orwell, cap. VIII) recuerda al «padre de los pueblos»: Stalin.

Snowball

Este cerdo vivaz (Orwell, cap. II), buen lector, intenta educar a los animales y organizar la granja. Se esfuerza sinceramente por mejorar las condiciones de vida de sus compañeros (el proyecto del molino) y lucha con valentía en la batalla del Establo. Por el exilio, la condena a muerte, la campaña de difamación organizada contra él y su voluntad de llevar el levantamiento a otras explotaciones, este actor principal de la revolución recuerda más a Trotski que a Lenin.

Squealer

Este cerdito «pequeño y gordito» (Orwell, cap. II) se diferencia de sus congéneres por su elocuencia (Squealer en inglés proviene del verbo to squeal, que significa «chillar» o «delatar») y por su capacidad de persuasión.

Es un interesado, se une pronto al bando del más fuerte, Napoleón, del que se hace portavoz. Encarna los órganos de la propaganda soviética (como el periódico Pravda), que se dedicaron a revisar la Historia y a promover el régimen.

LOS PERROS

Los nueve perros guardianes que Napoleón cría y a los que después otorga privilegios son las fuerzas del orden. Representan a la policía política de Stalin.

LOS CORDEROS

Estos seres incapaces de pensar por sí mismos no dejan de entonar los eslóganes que les imponen, sin darse cuenta de que suelen ser contradictorios y contrarios a sus intereses. De esta forma, el «¡Cuatro patas sí, dos pies no!» inicial se transforma en «¡Cuatro patas sí, dos patas mejor!» sin que se ofendan. Los corderos (a los que se les suele considerar animales dóciles en el lenguaje común) representan las masas adoctrinadas.

EL CABALLO BOXER

Como indica su nombre en inglés, Boxer (en español «boxeador») destaca por su fuerza. Este caballo de carga es valiente, pero más bien tonto e ingenuo, y se mata trabajando en el campo y en la (re)construcción del molino. Sus lemas son «Trabajaré más fuerte» (duerme menos para adelantar trabajo, Orwell, cap. III) y «Napoleón siempre tiene razón» (es incapaz de imaginar que su jefe lo manipula, Orwell, cap. V). Boxer representa a los trabajadores productivos y militantes, entregados a su régimen, pero explotados (en la URSS, el estajanovismo, llamado así por un minero muy productivo destacado por el régimen de Stalin, se refería a esta doctrina y hacía apología del trabajo).

CLAVES DE LECTURA

UN APÓLOGO

El apólogo es un relato corto alegórico con una finalidad argumentativa y didáctica que encierra una moraleja. Aunque *Rebelión en la granja* sea una novela, tiene la mayoría de las características del apólogo.

La sencillez

El apólogo es un relato breve con una trama clara, de lenguaje sencillo, con pocos personajes, a menudo característicos (por ejemplo, los animales en la fábula, un subgénero).

En el caso de *Rebelión en la granja*, la obra es breve (10 capítulos y 224 páginas) y está escrita en un lenguaje accesible para todos; la historia se resume en pocas palabras (unos animales que toman el poder en una granja donde establecen la igualdad entre todos antes de que una casta de cerdos reinstaure una dictadura); los personajes son animales que representan las clases sociales (los cerdos son los jefes perezosos, los corderos encarnan al pueblo idiota, conformista y sometido, los caballos de carga son trabajadores y dóciles, etc.)

El doble sentido

Un apólogo se presenta como una alegoría insinuada por el autor, puesto que los personajes y las situaciones se refieren a otra cosa.

Rebelión en la granja representa la sociedad humana, particularmente una sociedad humana precisa en un momento determinado de su historia: Rusia (convertida en la URSS) en la primera mitad del siglo XX. Además, los personajes se refieren a personas reales. Napoleón, por ejemplo, es un cerdo dominante que encarna la figura del dictador, tras la que es fácil reconocer a Stalin.

La dimensión argumentativa

El esquema narrativo del apólogo se construye para exponer una idea.

Rebelión en la granja defiende una tesis clara: la sublevación ha fracasado, los cerdos han servido para instaurar un régimen tan malo, o incluso peor, que el de Jones. Esta idea se muestra al lector por diferentes medios:

- la clara oposición entre los personajes positivos (los caballos, el burro, las gallinas) y los negativos (los perros, los cerdos —excepto el Viejo Mayor y Snowball— y en menor medida los corderos);
- una gradación a lo largo de los capítulos: las injusticias y violencia contra los oprimidos (Napoleón y sus perros), la distorsión de la ley de las palabras del Viejo Mayor, la transformación de la historia de la batalla del Establo (Squealer), las desigualdades que crecen, el mimetismo entre los cerdos y los hombres;
- la omnisciencia del narrador, falsamente objetiva (destaca con discreción el cinismo de Squealer, Orwell, cap. VII, por ejemplo);
- la estructura cíclica del libro. El capítulo X hace eco

abiertamente al capítulo I. El narrador hace un balance desde los días de antes de la sublevación, y parece que pocas cosas han cambiado: los animales siguen siendo explotados y miserables, los cerdos se comportan como los hombres, la granja ha recuperado su nombre original, la desigualdad vuelve a ser la ley.

La enseñanza o la reflexión

El apólogo quiere instruir destacando una cierta moral (explícita o implícita) o una cierta verdad (sobre los hombres, la sociedad, el mundo).

En *Rebelión en la granja*, aunque el libro eduque (el lector descubre de forma didáctica cómo una utopía generosa puede distorsionarse y derivar insidiosamente en un régimen totalitario y brutal), su moral queda bastante implícita, incluso está ausente. De hecho, ninguna actitud ni ningún acto permiten mejorar la situación: ni el optimismo (Boxer, Clover), ni el pesimismo (Benjamín), ni la huida (Mollie, Snowball), ni la sumisión (la mayoría) ni la tímida revuelta (los «traidores» ejecutados). El fatalismo se impone: la igualdad entre los animales es una quimera, puesto que algunos siempre serán «más iguales que otros» (Orwell, cap. X).

Las diferentes formas del apólogo

El apólogo puede tener muchas formas: la fábula, el *fabliau*, la parábola, la utopía, el cuento y la novela corta.

La novela, género al que pertenece *Rebelión en la granja*, no forma parte de esta lista, pero se puede considerar una nueva forma de apólogo.

PARALELISMOS CON LA HISTORIA SOVIÉTICA

Rebelión en la granja hace un paralelismo con muchos acontecimientos importantes de la historia rusa.

En Rusia:

- Antes de 1917: zarismo (Nicolás II) y difusión de las ideas revolucionarias de Marx;
- 1917-1921: revoluciones de febrero y de octubre de 1917, guerra contra el Ejército Blanco (zaristas, monárquicos, republicanos apoyados por fuerzas de países extranjeros) y establecimiento de un régimen soviético;
- 1921-1927: rivalidad entre Trotski y Stalin, persecución del primero, que se exilia;
- 1927-1939: estalinismo, Juicios de Moscú, planes quinquenales y modernización;
- Segunda Guerra Mundial: Stalin duda si aliarse con Inglaterra o con Alemania. Esta última invade la URSS, pero los rusos frenan a los alemanes;
- La posguerra: el estalinismo se endurece, la URSS se perpetúa, Stalin y la élite se enriquecen, se recupera la diplomacia con los otros países (Conferencia de Yalta en febrero de 1945):

En la novela:

- capítulo 1, antes de la sublevación: explotación de los animales por el señor Jones y premonición del Viejo Mayor;

- capítulos 2-4: sublevación de los animales, batalla del Establo (donde al señor Jones lo apoyan los hombres de Frederick y Pilkington) y organización de la granja de los cerdos;
- capítulo 5: rivalidad entre Snowball y Napoleón, al primero le obligan a huir;
- capítulos 6-7: reinado del terror de Napoleón, ejecución de los traidores, directivas del domingo en la asamblea y construcción del molino;
- capítulo 8: Napoleón duda si llegar a un acuerdo con Frederick o con Pilkington (venta de leña), luego Frederick intenta invadir la Granja Animal, pero fracasa;
- capítulos 9-10: Napoleón sigue con su reinado del terror, la granja es más próspera y más desigual aún. Finalmente, se invita a los hombres a la mesa de los cerdos.

Sin embargo, *Rebelión en la granja* no es un calco de la Historia rusa. Muchos elementos discordantes sugieren que no hay que detenerse en esta lectura particular (el dictador se llama Napoleón, la historia transcurre en el campo inglés, la sublevación es en junio mientras que las revoluciones rusas fueron en febrero y en octubre de 1917, etc.)

EL LENGUAJE COMO MEDIO DE OPRESIÓN

Uno de los medios a los que recurren los cerdos para afianzar su poder es la manipulación a través del lenguaje. Podemos ver en esto una crítica a la URSS, que con mucha frecuencia utilizó la manipulación de la información (censura, falsificación de pruebas en los procesos estalinistas, propaganda engañosa, etc.). De hecho, una de las claves es la falsificación de la Historia: muchos comunistas a los que Stalin no aprobó fueron eliminados y, literalmente, borrados de la memoria colectiva (se retocaron fotos para que desaparecieran, por ejemplo). De la misma forma, los cerdos no dudan en reescribir los diez mandamientos, que se suponían inalterables.

La crítica de Orwell no se limita a la URSS. La propaganda demagógica de Squealer no representa un régimen dictatorial puesto que las granjas vecinas (la mayoría de las cuales simbolizan democracias capitalistas) también la practican.

En *Rebelión en la granja*, el autor traduce su escepticismo y su pesimismo no solo ante el socialismo, del que sin embargo fue uno de los mayores defensores en su juventud (de hecho, Orwell fue uno de los primeros intelectuales europeos en denunciar el estalinismo en una época en que las democracias europeas evitaban a toda costa ofender al dictador y se negaban a ver la corrupción del régimen), sinto ante el poder político en general. Así hay que entender el parecido final entre cerdos y hombres: poco importa la ideología mientras se tenga el poder. Y si hay poder, esto implica necesariamente desigualdades, corrupción y traición a los ideales iniciales.

Con una apariencia inocente (un apólogo donde dialogan los animales de una granja), Orwell expone de forma casi didáctica cómo una utopía generosa puede derivar en el peor de los regímenes políticos.

PISTAS PARA LA REFLEXIÓN

ALGUNAS PREGUNTAS PARA PROFUNDIZAR EN SU REFLEXIÓN...

- Explique por qué se puede definir *Rebelión en la granja* como un apólogo.
- ¿Qué simboliza el relato? Desarrolle los principales elementos que permiten determinarlo.
- Los animales de la granja actúan de distinta forma según la especie a la que pertenecen. ¿A qué tipo de persona o de reacción podemos asociar cada una de ellas?
- George Orwell nos expone un análisis del comunismo extremadamente pertinente. Señale en qué sentido este análisis es válido para las décadas posteriores a la publicación de la novela.
- ¿El método de Orwell está destinado únicamente a denunciar el comunismo? Básese en los elementos biográficos y en otras obras del autor para responder.
- ¿Por qué es el lenguaje un elemento clave de la novela?
- ¿A qué grandes personajes históricos hace alusión la novela?
- ¿Puede ser pertinente hoy la denuncia del totalitarismo de la novela? Justifique y desarrolle su respuesta.
- Compare la obra con *Cándido* de Voltaire. ¿En qué podemos percibir en la novela la herencia de los filósofos de la Ilustración?
- Compare la novela y el álbum *Animals* del grupo Pink Floyd. ¿Qué elementos nos permiten determinar que el álbum se refiere a la obra de Orwell? Explique el enfoque del grupo.

PARA IR MÁS ALLÁ

EDICIÓN DE REFERENCIA

- Orwell, George. *Rebelión en la granja*. Barcelona: Austral. E-book en epub.

ADAPTACIONES

- *Rebelión en la granja*. Largometraje de animación dirigido por John Halas y Joy Batchelor. Reino Unido, 1954.
- *Pink Floyd, Animals, Harvest/EMI y Columbia Records.* 1977, CD.
  El concepto del álbum del grupo de rock progresivo británico Pink Floyd se inspira en la novela de Orwell, puesto que la humanidad se divide en tres castas que dan título a las canciones: *Pigs on the Wing 1, Dogs,Pigs (Three Different Ones), Sheep* y *Pigs on the Wing 2*.
- Se han realizado numerosas adaptaciones teatrales en París y en Londres principalmente.

EN RESUMENEXPRESS.COM

- Guía de lectura de *1984* de George Orwell.

www.resumenexpress.com

ISBN ebook: 9782806282415

ISBN papel: 9782806283054

Depósito legal: D/2016/12603/300

Cubierta: © Primento

Libro realizado por Primento, el socio digital de los editores